DON BOSCO

Rosemarie Portmann

Die 50 besten
Spiele zu den Kinderrechten

DON BOSCO

MiniSpielothek

Gerne nehmen wir Ihre Anregungen,
Wünsche, Kritik oder Fragen entgegen:
Don Bosco Medien GmbH, Sieboldstraße 11, D-81669 München
anregungen@donbosco-medien.de
Servicetelefon: +49(0)89 48008-341

Bibliografische Information der Deutschen Nationalbibliothek

Die Deutsche Nationalbibliothek verzeichnet diese Publikation in der Deutschen Nationalbibliografie; detaillierte bibliografische Daten sind im Internet über http://dnb.d-nb.de abrufbar.

11. Auflage 2025 / ISBN 978-3-7698-1798-0

produktinformation@donbosco-medien.de
www.donbosco-medien.de

Umschlag und Illustration: Felix Weinold
Umschlagphoto: iStockphoto
Layout: Alexandra Paulus
Produktion: Don Bosco Druck & Design, Ursensollen
Gedruckt auf umweltfreundlichem Papier

Inhalt

Kinder erleben nichts so scharf und bitter wie die Ungerechtigkeit.

Charles Dickens

Alle Kinder haben die gleichen Rechte

Alles, was Recht ist

Was ist ein „Recht"? Das ist gar nicht so einfach zu erklären und zu verstehen.
Ein Recht ist etwas, das jedem Kind zusteht und zwar von Geburt an. Es regelt, was ein Kind tun darf und was nicht. Jedes Kind hat die gleichen Rechte. Niemand darf deshalb die Rechte anderer verletzen.
Die Kinder überlegen gemeinsam, welche Rechte sie im Kindergarten oder in der Schule haben.

Beispiele

- Im Kindergarten habe ich das Recht in der Bauecke zu bauen.
- Ich habe das Recht mich auszuruhen.
- Ich habe das Recht meine Meinung zu sagen. Usw.

Die wichtigsten „Rechte" werden ausgesucht und auf sogenannte „Gebotskarten" gemalt (z. B. runde Pappschilder) und im Raum aufgehängt. Bei Meinungsverschiedenheiten wird darauf hingewiesen: „Das ist mein Recht." Kommt es trotzdem immer wieder zu Auseinandersetzungen, muss neu verhandelt werden: Handelt es sich tatsächlich um ein „Recht"? Und wenn ja, was können wir tun, damit es in Zukunft besser eingehalten wird?

Jedes Kind ist etwas Besonderes

Die Kinder sitzen im Kreis. Gemeinsam wird bei jedem Kind festgestellt, was es in der Gruppe ganz alleine hat, wodurch es sich von allen anderen Kindern unterscheidet oder vor allen anderen Kindern auszeichnet.

Beispiele

Nur dieses Kind ...
... hat grüne Augen.
... ist in Athen geboren.
... musste aus seinem Herkunftsland fliehen. Usw.

Für jedes Kind wird die Besonderheit laut und deutlich genannt. Danach fassen sich alle Kinder an den Händen und sprechen im Chor: „Besonders ist doch jedes Kind, wie schön, dass wir zusammen sind.“ Die Gruppe kann auch selbst einen Spruch oder ein Lied erfinden, das dann gemeinsam gesungen wird.

Variation

Jedes Kind kann auch etwas Besonderes. Es ist z.B. das „größte“, „stärkste“, „beste“ – man muss nur die richtigen Fragen stellen, damit jedes Kind gewinnt.

Beispiele

- Wer kann am Schnellsten einen Zungenbrecher nachsprechen?
- Wer kann die Zunge am weitesten rausstrecken? Usw.

Wer die jeweilige Konkurrenz gewonnen hat, wird prämiert und bekommt gebührenden Applaus.

Was ist gleich an mir und Dir?

Alle Kinder sitzen im Kreis. Nacheinander steht ein Kind auf und geht im Kreis herum. Es bleibt vor jedem Kind stehen, schaut es genau an und sagt, was sie beide gemeinsam haben.

Beispiele

- Du hast blaue Augen wie ich.
- Wir haben beide braune Schuhe an.
- Du trägst auch Ohrringe. Usw.

Variation

Die Kinder bilden entsprechend der Merkmale, die sie gemeinsam haben, eine Kette. Die Kinder, die nebeneinander stehen, müssen immer ein gemeinsames Merkmal haben.

Beispiel

Das 1. Kind trägt ein gelbes T-Shirt und eine schwarze Hose. Das 2. Kind trägt auch ein gelbes T-Shirt, aber eine blaue Hose. Das 3. Kind hat eine blaue Hose an und trägt eine Brille. Usw.

Das Spiel bezieht sich zunächst nur auf äußerliche Merkmale. Wenn die Kinder sich gut kennen, können auch andere Merkmale zum Bindeglied werden.

Beispiele

- Du hast eine Schwester genau wie ich.
- Du wohnst in derselben Straße.
- Du spielst genauso gerne Fußball wie ich. Usw.

Bei geschickter Auswahl der Merkmale kann sich die Kette zum Kreis schließen: Das letzte Kind hat dann dasselbe Merkmal wie das erste.

Mädchen-, Jungen-, Kinderkram

Jedes Kind bekommt ein großes Blatt Papier, das in der Mitte mit einem Strich in zwei gleich große Hälften unterteilt ist. Auf der einen Seite sollen sie Mädchenspiele und -aktivitäten, auf der anderen Seite Jungenspiele und -aktivitäten aufmalen bzw. aufschreiben. Jedes Blatt wird mit M oder J gekennzeichnet, je nachdem, ob es von einem Mädchen oder einem Jungen bearbeitet wurde.

Aus den unterschiedlichen Blättern stellen die Kinder gemeinsam zwei Plakate her:
- Mädchenspiele und -aktivitäten
- Jungenspiele und -aktivitäten

Dann wird darüber gesprochen:
- Gibt es Unterschiede zwischen dem, was Mädchen und Jungen spielen und tun?
- Gibt es tatsächlich etwas, das nur Mädchen oder nur Jungen machen?
- Welche Spiele machen Mädchen und Jungen gleichermaßen Spaß?

Um zu erfahren, was Mädchen und Jungen tatsächlich am Liebsten machen, bringen sie ihr Lieblingsspielzeug mit bzw. beschreiben ihre Lieblingsspiele. Sie erklären sich gegenseitig die Spielmöglichkeiten und probieren die Spiele miteinander aus.

Ich komme aus ...

Wenn Kinder aus verschiedenen Herkunftsländern in der Gruppe sind, dann können sie erzählen, woher sie bzw. ihre Familien kommen.
Alle Kinder der Gruppe basteln gemeinsam „Landes"-Fähnchen und stecken sie auf eine Landkarte. Sie können auch andere Symbole oder Gegenstände zusammentragen, die mit den verschiedenen Ländern zu tun haben.

Das Spiel ist auch interessant, wenn die Kinder mehrheitlich aus Deutschland, aber aus unterschiedlichen Städten kommen: Dann werden der Ort und das Ortswappen und/oder eine Besonderheit des Ortes markiert bzw. aufgemalt.

Kommen alle Kinder aus einem Ort, werden auf einem Stadtplan die Straßen markiert und die Hausnummer und ein Bild des Hauses dazu gesteckt. Die Kinder sammeln Informationen über die Herkunft des Straßennamens. Dabei finden sie bestimmt spannende Geschichten über deren Herkunft.

Kinder haben das Recht, gesund zu leben

Als ich einmal krank war

Die Kinder malen ein Bild von sich als sie einmal krank waren.
Darunter malen und/oder schreiben sie, was ihnen geholfen und gut getan hat, um wieder gesund zu werden.

Beispiele

- ein Besuch beim Arzt,
- eine Medizin,
- die Mutter am Bett,
- ein Kuscheltier,
- das Lieblingsessen usw.

Anschließend kann die Situation „Als ich einmal krank war – und das hat mir geholfen“ nachgespielt werden.

Wir machen Dich gesund

Viele Kinder kennen aus ihrer Familie „Heilungsrituale“.

Beispiele

- das Lieblingsessen wird gekocht,
- das Kind darf sich ein Spiel wünschen usw.

Ein solches „Heilungsritual“ kann auch die Kindergruppe für sich erfinden. Sie denkt sich ein Ritual aus, das immer dann eingesetzt wird, wenn eines der Kinder lange krank ist bzw. nach einer langen Krankheit in die Gruppe zurück kommt.

Was können die Kinder tun, für ein krankes Kind, damit es schnell gesund wird?

Beispiele

- einen Brief schreiben bzw. malen,
- das „Gruppentier“ vorbei schicken,

- regelmäßige Besuche machen und mit dem Kind spielen usw.

Was können die Kinder tun, wenn das Kind wieder gesund ist und in die Gruppe zurückkommt?

Beispiele

- ein besonderes Lied singen,
- den Platz schmücken,
- einen „Gesundheits-Orden" basteln und verleihen usw.

Das „Heilungsritual" kann auch auf ein Kind besonders abgestimmt werden.

Alles, was gesund ist

Die Kinder sitzen im Stuhlkreis. Nacheinander nennt jedes Kind etwas, was gesund ist, damit man nicht krank wird.

Beispiele

- Obst essen,
- ausreichend schlafen,
- frische Luft,
- Hände waschen usw.

Jedes Kind sollte etwas anderes nennen.

In einer zweiten Runde nennt jedes Kind etwas, das gesund macht, wenn man krank ist.

Beispiele

- ein Besuch beim Arzt,
- Medizin,
- eine warme Suppe usw.

Anschließend wird überlegt:

- Haben alle Kinder, was sie brauchen, um nicht krank zu werden und wieder gesund zu werden, wenn sie krank sind?
- Warum haben nicht alle Kinder, was sie brauchen, um gesund zu sein?

Eine kleine Freude

Die Kinder sollen erfahren, was anderen Kindern gut tut. Dabei sollen sie merken, dass sich die Kinder über unterschiedliche Dinge freuen und wie sie einem Kind eine kleine Freude machen können.

Alle Kinder sitzen im Kreis. Ein Kind wirft einem anderen einen Ball zu und fragt z. B.: „Freust Du Dich, wenn ich Dir mein Lieblings-(Bilder)Buch leihe?" Sagt das Kind nein, wirft es den Ball zurück und das fragende Kind macht einen neuen Vorschlag. Nimmt das Kind den Vorschlag an, wirft es den Ball einem anderen Kind zu und fragt bspw.: „Freust Du Dich, wenn ich mit Dir Fußball spiele?"

Nach und nach sollen alle Kinder einmal erfreut werden sowie Freude schenken.

Die Vorschläge sollen ernst gemeint sein und in eine tatsächliche Freude umgewandelt werden, z. B. bei einem Tag der Freude im Kindergarten oder in der Schule.

Was ein Kind braucht

Die Kinder schneiden aus Zeitschriften, Katalogen, Prospekten u. Ä. alle Dinge aus, die für sie wichtig sind, um gut leben zu können. Alle Bestandteile werden auf ein großes Plakat geklebt und gemeinsam betrachtet.

Dann wird überlegt:

- Brauchen die Kinder das wirklich? Warum?
- Was sind Wünsche? Was sind lebensnotwendige Bedürfnisse?

Alle lebensnotwendigen Bedürfnisse werden mit rotem Stift eingekreist.

- Haben die alle Kinder?

Das Spiel kann ergänzt werden durch Geschichten und Bilder von Kindern in schlechten Lebenssituationen hier und weltweit.

Kinder haben das Recht zu lernen

Was wäre, wenn ...

Warum ist Lernen und zur Schule gehen so wichtig? Die Kinder sitzt im Stuhlkreis. Nun wird eine „Was wäre, wenn"-Frage gestellt. Die Kinder sollen darauf gemeinsam oder einzeln möglichst viele verschiedene Antworten finden. Originelle und lustige Antworten sind ausdrücklich erwünscht. Denn die Kinder sollen auch erfahren, dass Lernen Spaß macht und nicht nur anstrengend ist.

Beispiel

„Was wäre, wenn du die Zahlen nicht kennen würdest?"

- Ich könnte nicht telefonieren.
- Ich wüsste nicht, ob mein Taschengeld stimmt.
- Ich wüsste beim Abzählen nicht, ob ich die Dritte bin.
- Ich könnte die Rückennummern der Fußballspieler nicht erkennen. Usw.

Variation

Die Kinder stellen älteren Kindern oder Erwachsenen „Was wäre, wenn"-Fragen.

Das kann ich schon

Die Kinder werden einzeln fotografiert. Ihr Foto wird in die Mitte eines Blattes geklebt. Jedes Kind malt und/oder schreibt nun drum herum, was es schon kann, z. B.:

- Fußball spielen,
- reiten,
- Schleifen binden,
- Fahrrad fahren,
- den eigenen Namen schreiben usw.

Für ihr „Das-kann-ich-schon-Plakat“ suchen die Kinder aus den vielen Fertigkeiten, die sie haben, die aus, die ihnen am Wichtigsten sind. Die Plakate werden gemeinsam betrachtet und aufbewahrt.

Wenn das Spiel von Zeit zu Zeit wiederholt wird, können die Kinder viel über ihre Entwicklung erfahren, über das, was sie dazu gelernt haben genau so wie über das, was sie noch nicht gelernt haben und wo sie eventuell von ihrem Recht, so viel wie möglich zu lernen, bisher keinen Gebrauch gemacht haben.

Variation

Die eigenen positiven Fähigkeiten zu beschreiben ist nicht immer leicht. Deshalb sollen die anderen Kinder das übernehmen. Dazu setzen sich die Kinder in einen Kreis. Reihum wird für jedes Kind eine besonders positive Eigenschaft benannt, z. B.:

- Du kannst gut zuhören.
- Du kannst gut teilen. Usw.

Die Gruppe kommt vermutlich auf Fähigkeiten, die das Kind selbst gar nicht erwähnen würde. Wenn es sehr unsicher ist, kann sich das Kind, um das es geht, mit dem Rücken zur Gruppe setzen.

Das will ich können

Dieses Spiel ist eine Ergänzung zum „Das-kann-ich-schon-Spiel“. Jedes Kind malt auf ein zweites Plakat rund um sein Foto alles, was es noch können bzw. lernen möchte. Wenn das Plakat fertig ist, wird rot eingekreist, was das Kind zuerst lernen möchte; grün wird eingekreist, was das Kind besonders gerne lernen möchte.

Auch dieses Spiel kann von Zeit zu Zeit wiederholt werden. So können die Kinder erfahren, was sie nun schon gelernt haben und/oder ob und wie sich ihre Lernbedürfnisse eventuell verändert haben.

Es sollte auch immer Zeit für Gespräche sein, um zu klären, wie die Kinder ihren Lernzielen näher kommen können.

Mein Traumberuf

Die Kinder malen ihren „Traumberuf“.
Anhand der Bilder erzählen sie sich gegenseitig, warum ausgerechnet dieser Beruf sie so fasziniert. In einem gemeinsamen Gespräch soll nach folgendem gefragt werden:

- „Glaubst Du, dass Du das tatsächlich schaffen kannst?“
- „Weißt Du schon, was Du alles lernen musst, damit Du diesen Beruf einmal ausüben kannst?“
- „Kennst Du jemanden mit diesem Beruf? Wenn ja, sollten wir diese Person mal zu uns einladen, damit sie mehr über diesen Beruf erzählt?“

Variation

Sind die Kinder schon etwas älter und können schon schreiben, werden sie auf eine Zeitreise geschickt. Die Anweisung kann dann lauten: „Stellt Euch vor, Ihr seid 20 Jahre älter. Wie wird Euer Leben dann aussehen? Malt und beschreibt Eure Familie. Malt und beschreibt, was Ihr dann tun werdet.“

Aktuelle Fragestunde

Wissbegierig und neugierig zu sein ist die Grundlage für jedes Lernen. Fragen zu stellen, so lange, bis sie eine Antwort bekommen haben, ist das beste Lernverhalten, das man Kindern vermitteln kann. Dabei hilft die „aktuelle Fragestunde“.

Die Kinder sitzen im Kreis. Ein Kind stellt laut, deutlich und mit klaren Worten eine Frage. Rückfragen der anderen Kinder sind erlaubt, bis alle verstanden haben, was das Kind wissen will.

Das Kind, das die Antwort weiß, antwortet. Nur wenn kein Kind auf die Antwort kommt oder etwas zu korrigieren oder zu ergänzen ist, antwortet die Spielleiterin.

Und wenn auch sie keine Antwort parat hat, überlegen die Kinder gemeinsam, wie sie an weitere Informationen kommen, z. B.:

- im Lexikon nachschauen,
- im Internet suchen,
- Fachleute fragen usw.

Eine Frage, die zunächst nicht beantwortet werden kann, wird mit Hilfe der Spielleiterin aufgeschrieben als „Denkzettel“ und solange an eine Pinnwand geheftet bis die Antwort gefunden ist.

Die „aktuelle Fragestunde“ kann zum festen Bestandteil der gemeinsamen Arbeit werden (z. B. einmal in der Woche stattfinden). Sie sollte zeitlich begrenzt werden. Jedes Kind sollte in dieser Zeit einmal dran kommen. Schüchterne Kinder sollten zum Fragen ermuntert werden. Sie können z. B. ihre Fragen leise einer Freundin oder einem Freund mitteilen, die sie dann für sie laut aussprechen. Jede Frage ist zugelassen, denn es gibt keine dummen Fragen. Für jede Frage wird sofort oder später eine sachlich korrekte Antwort gesucht.

Kinder haben das Recht zu spielen

Was heißt hier Arbeit?

Die Kinder gehen oder stehen im Raum. Die Spielleiterin nennt nacheinander verschiedene Tätigkeiten. Dabei wählt sie bewusst auch solche aus, die sowohl Arbeit als auch Nicht-Arbeit, also Hilfe in der Familie, Freizeitbeschäftigung oder Spiel sein können. Sind die Kinder der Meinung, es handelt sich bei der Tätigkeit um Arbeit, hocken sie sich hin. Sind sie der Meinung, es handelt sich nicht um Arbeit, hüpfen die Kinder im Raum umher.

Beispiele

- Ball spielen,
- Steine klopfen,
- singen,
- reiten,
- Baumwolle pflücken,
- Unkraut jäten,
- abtrocknen,
- auf Geschwister aufpassen usw.

Können einige oder alle Kinder eine Tätigkeit nicht eindeutig zuordnen oder ist die Spielleiterin anderer Meinung als die Kinder, wird in der Gruppe darüber gesprochen:
Wann ist etwas „Arbeit“? Kann die gleiche Tätigkeit einmal Arbeit sein und einmal nicht? Was haben die Kinder schon selbst getan? War das für sie „Arbeit“?

Am Fließband

Die Kinder bilden Dreiergruppen und sitzen nebeneinander an Tischen. Jede Gruppe stellt Papierketten her. Dazu bekommt sie Klebstoff, Papier und eine Papierschere.
Das 1. Kind schneidet lange Streifen aus dem Papier. Das 2. Kind macht daraus kurze Streifen für die Kettenglieder. Das 3. Kind klebt die Kettenglieder zusammen. In einer bestimmten, vorgegebenen Zeit müssen möglichst lange Ketten hergestellt werden. Die Spielleiterin stoppt die Zeit und treibt die Kinder zwischendurch an, schneller zu arbeiten.
Anschließend wird geprüft, welche Gruppe die längste Kette hergestellt hat und ob die Kette sauber gearbeitet ist. Die Kinder bekommen auch Gelegenheit darüber zu sprechen, wie es ihnen bei der „Fließbandarbeit“ ergangen ist. Können sie sich vorstellen, wie es Kindern geht, die stundenlang Tag für Tag arbeiten müssen?

Lieblingsspielplätze

Die Kinder werden gebeten den Platz zu malen, an dem sie am Liebsten spielen würden: „Malt bitte ein Bild, das zeigt, wie Ihr Euren Spielplatz gerne haben möchtet. Ihr könnt dabei Dinge malen, die es auf keinem Spielplatz gibt, die Ihr Euch aber wünscht. Malt auf, was Ihr gerne tun würdet. Malt alles auf, was Euch einfällt.“

Die fertigen Bilder werden gemeinsam betrachtet. Was wird besonders häufig gewünscht? Gibt es etwas, das in Erfüllung gehen kann?

18

Spiele, die nichts kosten

Die meisten Kinder in Deutschland haben Spielzeug und Spielmaterial in Hülle und Fülle. Viele Kinder in armen Ländern haben das nicht. Aber dennoch spielen sie. Mit viel Fantasie entwickeln sie Spiele und basteln sich aus Alltagsmaterialien und Abfällen selbst Spielmaterial.
Welche Spiele können das sein? Die Gruppe macht es nach. Sie „erfindet" ihre Spiele selbst.

Beispiele

- Alte Zeitungen werden zu Bällen zusammengeknautscht.
- Die Kinder sammeln kleine, möglichst runde Steine und verwenden sie wie Murmeln.
- Aus Papprollen und runden Schachteln werden Fahrzeuge. Usw.

Mein Lieblingssport

Zum Recht auf Erholung gehört es, auch Sport zu treiben.

Die Kinder stellen sich gegenseitig Sportarten vor. Sie tun das ohne Worte, nur mit Gesten und Bewegungen. Jedes Kind soll eine Sportart darstellen. Die anderen Kinder müssen dabei erraten, um welche Sportart es sich handelt.

Waren alle Kinder dran, stellt jedes Kind seine Lieblingssportart vor. Anschließend werden Fragen geklärt wie:

- Übt jedes Kind seine Lieblingssportart auch aus?
- Wenn nein, warum nicht?
- Treibt jedes Kind Sport?
- Treibt die Gruppe gemeinsam Sport?
- Wenn (noch) nicht, welche Sportart möchte die Gruppe gemeinsam ausüben?

Kinder haben das Recht, ihre Meinung zu verbreiten

Sammlungen anlegen

In Mappen oder Pappkartons sammeln die Kinder Informationen zu aktuellen Themen, die sie besonders beschäftigen oder beängstigen, z. B.:

- Ausländerfeindlichkeit,
- Kinder in Not,
- Gewalt,
- bedrohte Tiere usw.

Fragen, die sich daraus ergeben, werden direkt geklärt, z. B. in der „aktuellen Fragestunde“ (S. 34/35). Besonders interessante Informationen können in Projekten und Aktionen weiter bearbeitet werden.

Interviews machen

Zu Themen, die die Kinder interessieren, werden in der Gruppe gemeinsam Fragen formuliert, die dann anderen Kindern und/oder Erwachsenen gestellt werden:

- Jedes Kind befragt z. B. ein anderes Kind und/oder ein Familienmitglied oder einen anderen Erwachsenen, den es kennt.
- Mehrere Kinder machen gemeinsam Interviews mit fremden Erwachsenen.

Damit auch Kinder, die noch nicht schreiben können, die Interviewergebnisse festhalten können, werden sie mit Mikrofon und Aufnahmegerät ausgestattet, mit denen sie die Antworten aufnehmen können.
Gibt es diese Möglichkeit nicht, müssen die Fragen so formuliert werden, dass die Kinder die Ergebnisse mit Strichen, die „Ja“ oder „Nein“ bedeuten, festhalten können.

Rechts oder links

Die Kinder stellen sich in die Mitte des Raums. Die Spielleiterin stellt nacheinander Entscheidungsfragen. Eine solche Frage kann z. B. sein: „Was mögt Ihr lieber, draußen oder drinnen spielen?" Je nach Vorliebe laufen die Kinder in die rechte Hälfte oder in die linke Hälfte des Raums.

Angefangen von „einfachen" Entscheidungsfragen können immer wichtigere Meinungen und Entscheidungen so abgefragt werden.

Die Kinder lernen mit dieser Methode, ihre eigene Meinung mitzuteilen, die Meinungen anderer kennen zu lernen und Entscheidungen zu treffen.

Die Kinder erfahren dabei, dass es möglich ist, unterschiedliche Meinungen zu haben; Dinge gut zu finden, ohne sich auseinanderzusetzen und eventuell zu streiten.

Fotorallye

Die eigenen Erkenntnisse und die eigene Meinung in Worte zu fassen, ist – nicht nur – für Kinder schwer. Bilder können da eine große Unterstützung sein. Schon kleine Kinder können heute selbstständig mit einer Kamera umgehen. Die Fotos können direkt angesehen bzw. mit Hilfe eines Computers ausgedruckt werden. Um sich Informationen zu beschaffen und ihre Meinung dazu zu sagen, fotografieren die Kinder ihre Umgebung unter bestimmten Fragestellungen.

Beispiele

- Der Gruppenraum soll erneuert werden. Die Kinder erhalten den Auftrag zu fotografieren, was ihnen besonders gut und was ihnen nicht gefällt.
- Die Straße vor dem Haus ist ziemlich gefährlich. Sie machen Fotos, um die gefährlichen Situationen zu dokumentieren.

Die Fotos werden gemeinsam angeschaut und diskutiert. Aus den wichtigsten Fotos wird eine Ausstellung zusammengestellt. Die Fotos können auch verschickt werden, z. B. an den Bürgermeister mit der Bitte, Missstände gegebenenfalls abzustellen.

Wunschbaum

Im Raum wird ein „Wunschbaum“ aufgestellt. Grüne Pappscheiben bilden die „Blätter“. Auf diese Blätter schreiben, malen oder kleben die Kinder zu einem Thema, das in der Gruppe bearbeitet wird, ihre Meinung bzw. ihre Wünsche. Für jeden Wunsch benutzen sie jeweils ein Blatt. Dann hängen sie die Blätter mit Klebestreifen an den Baum.

Nach und nach wird in der Gruppe über jeden „Wunsch“ gesprochen und entschieden:

- Was haben wir erfahren?
- Können wir das machen?
- Wenn ja, wie kann der Wunsch verwirklicht werden?

Beispiele

- Der Spielplatz soll verändert werden. Was wünschen sich die Kinder?
- Welche (Bilder-)Bücher sollen neu angeschafft werden?
- Es ist immer so laut in der Gruppe. Was kann dagegen unternommen werden? Usw.

Kinder haben das Recht mitzubestimmen

Wenn wir zu bestimmen hätten ...

Nach einem Gespräch über das Thema „Rechte“, wählen die Kinder jene Rechte aus, die sie gerne als „Kinderrechte“ hätten. Alle Äußerungen werden gesammelt und ernst genommen. Die Rechte, die den Kindern wichtig sind, sind häufig ganz andere als die, die in der UN-Kinderrechtskonvention formuliert worden sind.

Die Kinder entscheiden sich gemeinsam für „ihre“ wichtigsten Kinderrechte. Jedes Recht wird einzeln auf ein Blatt geschrieben und von den Kindern illustriert. Diese Blätter werden in einem Ordner zu einem „Rechte-Buch“ zusammengefasst. Das Buch kann nach und nach erweitert werden. Die Kinder können z. B. zu einzelnen Rechten zusätzliche Informationen, eigene Erlebnisse, Geschichten, Bilder u. Ä. einheften. Oder sie ergänzen das Buch um weitere Rechte.

Im Verlauf der Arbeit an dem „Rechte-Buch“ soll mit den Kindern auch darüber gesprochen werden, welche Rechte die Kinder überall auf der Welt haben bzw. welche Rechte sie dringend brauchen. Die Kinder können auch überlegen, was sie tun können, um anderen Kindern zu ihren Rechten zu verhelfen.

Dem leeren Stuhl die Meinung sagen

Anderen mitzuteilen, was man denkt und was man möchte, ist nicht einfach. Besonders schwer ist es für Kinder, wenn sie Erwachsenen etwas sagen und ihnen gegenüber ihre Rechte vertreten möchten. Dabei kann dieses Spiel helfen.

Die Kinder sitzen im Kreis. In die Mitte des Stuhlkreises wird ein leerer Stuhl gestellt. Die Spielleiterin legt dort etwas ab, was ihr gehört, das quasi stellvertretend für sie auf dem Stuhl sitzt, z. B. ihr Tuch, ihre Brille, ihr Notizbuch o. Ä.

Jedes Kind, das nun Feedback geben, einen Wunsch äußern oder eine Forderung stellen möchte, steht auf und geht zum Stuhl. Dort kann es alles sagen, was es möchte. Zu dem „leeren" Stuhl zu sprechen, ist leichter als die gemeinte Person direkt anzusprechen.

Wir stimmen ab

Mitbestimmen bedeutet auch, Mehrheitsentscheidungen zu akzeptieren, die nicht die eigene Meinung widerspiegeln. Kleinen Kindern gelingt das am Besten, wenn sie die Entscheidung sinnlich wahrnehmen können.

Murmeln einwerfen

Die verschiedenen Vorschläge, die zur Abstimmung stehen, werden durch Symbole gekennzeichnet. Unter jedem Symbol steht ein Plastikbecher oder ein anderes durchsichtiges Gefäß. Jedes Kind erhält eine Murmel, die es je nach Zustimmung in den entsprechenden Becher einwirft. Die Menge der Murmeln in einem Becher zeigt den Kindern deutlich, was die Mehrheit möchte und wie das Wahlergebnis zustande gekommen ist.

Variationen

Die Kinder lernen nach und nach verschiedene Formen der Abstimmung, sowie ihre Vor- und Nachteile kennen.

Daumen hoch

Wer dafür ist, hebt den Daumen, wer dagegen ist, lässt den Daumen unten.

Ampelregelung

Die Kinder erhalten drei Karten, eine rote, eine gelbe und eine grüne Karte. Wer „Ja“ stimmt, hebt die grüne Karte, wer „Nein“ stimmt, hebt die rote Karte, wer „Unentschlossen“ ist, hebt die gelbe Karte.

Strichlisten

Die Abstimmungsgegenstände werden durch Symbole gekennzeichnet, die dann z. B. auf eine Tafel gezeichnet werden. Für jede Stimme wird hinter das Symbol ein Strich gemacht. Die größte Zustimmung ist dort, wo die meisten Striche sind.

Bei „Daumen hoch“ und der „Ampelregelung“ ist die Abstimmung „offen“. Die „offene“ Abstimmung hat den Vorteil, dass sie schnell geht. Der Nachteil ist aber, dass jeder zuguckt, wie man abstimmt. Und das kann manchmal unangenehm sein.

Durch „Strichlisten“ oder der „Murmelabstimmung“ kann die Meinung „geheim“ gehalten werden. Vor die Symbole wird eine Wand gestellt oder eine Decke gehängt. Die Kinder treffen ihre Entscheidung einzeln dahinter. Niemand sieht, wo sie ihren Strich machen oder ihre Murmel einwerfen.

Der Kinderrat tagt

Das bewährte Gremium für Mitbestimmung ist der „Kinderrat“. Beim Kinderrat sitzen alle Kinder im Stuhlkreis, so dass jedes Kind alle anderen sehen und ansprechen kann. Für den Kinderrat vereinbaren die Kinder einfache Regeln.

Beispiele

- Wenn ein Kind redet, hören alle anderen zu.
- Jedes Kind kommt dran.
- Jedes Kind darf sagen, was es denkt.
- Niemand lacht ein anderes Kind aus.
- Wenn wir etwas entscheiden müssen, stimmen wir ab. Usw.

Damit nicht immer dieselben Kinder sprechen, bekommt jedes Kind z.B. drei Muggelsteine. Immer, wenn es das Wort hat, legt es einen Muggelstein in die Kreismitte. Wer keinen Muggelstein mehr hat, hat seine Redezeit für diese Ratssitzung verbraucht.
Für die Regeln können auch Symbole vereinbart werden, auf die bei Nicht-Beachtung wortlos hingewiesen werden kann. Die Regeln für den Kinderrat können

nach und nach erweitert werden. Bei der Durchführung des Kinderrats sollten die Kinder zunehmend Verantwortung übernehmen, z. B. die Sitzung eröffnen und schließen, die Redeliste führen, das Wort erteilen, das Ergebnis kurz festhalten. Usw.

Meine Rechte – Deine Rechte – Wer hat das Recht?

Was tun, wenn Rechte aufeinander stoßen? Auch dabei sollten die Kinder mitentscheiden. Die Kinder machen Vorschläge und probieren im Rollenspiel Lösungen aus.

Beispiel

Ein Kind möchte mit einem Spielzeug spielen, das ein anderes benutzt. Als mögliche Lösungen bietet sich folgendes an:

- Die Spielzeit mit dem Spielzeug wird begrenzt.
- Die Kinder spielen nacheinander mit dem Spielzeug.
- Die Kinder spielen gemeinsam mit dem Spielzeug.

Kinder haben das Recht auf Schutz vor Gewalt

Was ist Gewalt?

Die Kinder schneiden aus Zeitschriften, Informationen von Kinderrechtsorganisationen u. Ä. Fotos aus, auf denen Menschen mit Kindern gut und/oder schlecht umgehen. Die Bilder, auf denen mit Kindern schlecht umgegangen wird, werden auf einen roten Karton geklebt, die Bilder, auf denen mit Kindern gut umgegangen wird, auf einen grünen Karton.
Anschließend wird darüber gesprochen, was die Bilder bedeuten und warum die Kinder sie ausgewählt haben.

Fass mich nicht an

Die Kinder sitzen im Kreis. Sie probieren aus, welche Berührungen ihnen angenehm und welche ihnen unangenehm sind.

Beispiele

- gekniffen werden,
- umarmt werden,
- gestreichelt werden usw.

Die Kinder berühren sich gegenseitig. Wenn ihnen eine Berührung unangenehm ist, sagen sie laut und deutlich „Nein". Anschließend wird darüber gesprochen, was angenehm und was unangenehm war.
Was können Kinder tun, wenn Erwachsene sie so berühren, dass es ihnen unangenehm ist? Auch dann dürfen sie laut und deutlich „Nein" sagen.
Zum Abschluss üben die Kinder gemeinsam laut „Nein, fass mich nicht an" zu sagen.

Zauberschlüssel

Die Kinder fassen sich im Kreis an den Händen. So bilden sie den Zaun zum Zauberschloss. Zwei oder drei Kinder bleiben außerhalb des Kreises. Um den Zaun öffnen zu können, müssen sie den „Zauberschlüssel" finden. Das versuchen sie, indem sie die Kinder im Kreis auf unterschiedliche Weise berühren, z. B. streicheln, schubsen, auf die Schulter klopfen usw.
Ist dem betreffenden Kind die Berührung unangenehm, sagt es: „Nein, nein – dich lass ich nicht rein". Ist ihm die Berührung angenehm, sagt es: „Das ist fein – dich lass ich rein". Die beiden Kinder wechseln daraufhin ihre Plätze.

34

Gemeinsam stark

Kinder können stark oder sogar stärker als Erwachsene sein, wenn sie sich zusammentun. Damit sie das erleben können, probieren sie es aus. Jedes Kind versucht, etwas Schwieriges allein zu machen, z. B.:

- einen Tisch hochheben,
- eine erwachsene Person über eine Linie schieben,
- ein Rätsel lösen usw.

Wenn das Kind die Aufgabe alleine nicht schafft, geht es zu einem anderen Kind und sagt: „Ich möchte, dass du mir hilfst." Ist die Aufgabe auch zu zweit noch nicht zu lösen, suchen sich die beiden ein drittes Kind usw. Die Kinder lernen dabei, dass sie nicht hilflos sind. Sie können sich Hilfe holen und sich helfen zu lassen.

Halt! Keine Gewalt!

Gewalt fängt klein an. Schon Kinder untereinander gehen nicht immer freundlich mit einander um. Sie können deshalb nicht früh genug lernen, wie man sich friedlich verhält.
Die Gruppe sitzt im Kreis. Reihum nennt jedes Kind ein Verhalten, das auf jeden Fall unpassend ist. Jedes Kind nennt dabei etwas anderes.

Beispiele

- schlagen,
- treten,
- beleidigen,
- anspucken,
- beschimpfen usw.

Auch in einer Gruppe in Schulklassenstärke wird jedem Kind eine neue unangemessene Verhaltensweise einfallen.

Jedes Mal, wenn das Spiel eingesetzt wird, kann die Gruppe drei Verhaltensweisen auswählen, die sie in der nächsten Woche bewusst vermeiden will. Diese werden auf ein Wandplakat geschrieben und als Symbole verbildlicht, so dass sie jedem Kind täglich vor Augen sind und die Kinder sich gegenseitig immer wieder darauf aufmerksam machen können.

Kinder haben das Recht auf Privatleben

Jedes Kind hat das Recht auf einen Namen

Der Name macht ein Kinder unverwechselbar. Ohne den Namen der anderen Kinder zu kennen, ist es schwierig miteinander zu spielen und zu reden. Die Kinder probieren es aus: Sie spielen das Spiel „Mein rechter, rechter Platz ist leer …“ ohne den Name eines Kindes zu nennen. Beim Suchen nach einem neuen Nachbarn sagen Sie einfach: „Ich wünsche mir das Kind mit blonden Haaren herbei“ oder „Ich wünsche mir das Kind mit den Turnschuhen herbei“. Es wird mehrere Kinder mit blonden Haaren oder mit Turnschuhen geben. Also welches Kind ist nun gemeint? Eindeutig wird es nur, wenn der Namen des gewünschten Kindes genannt wird. Manchmal braucht man dazu Vor- und Nachnamen, denn verschiedene Kinder können den gleichen Vornamen haben.

Variationen

- Die Kinder gestalten ihre Namen auf einem Blatt Papier mit Farben, Formen oder Symbolen.

- Die Kinder vergleichen ihre Namen. In verschiedenen Ländern gibt es die gleichen Namen. Wie heißt mein Name in einer anderen Sprache?
- Sie forschen nach der Bedeutung des eigene Namens.
- Sie fragen bei ihren Eltern nach, warum sie gerade diesen Namen erhalten haben?

Platz da!

Mit diesem Spiel können Kinder die Erfahrung machen, dass sie das Recht haben, Platz für sich zu beanspruchen. Niemand darf dabei einem anderen „zu nah kommen“, wenn er das nicht möchte.

Alle Kinder gehen im Raum umher und verschaffen sich Platz, ohne jemanden zu berühren. Dabei schreien sie laut: „Platz da, Platz da!“ Tempo und Geschrei nehmen nach und nach zu und werden plötzlich abrupt abgebrochen. Alle verharren für einen Moment in der letzten Bewegung. Danach suchen alle einen Platz, eine Haltung, in der sie sich wohl fühlen, von niemandem gestört werden und niemanden stören. Langsam beginnen sie von da aus durch den Raum zu gehen und alle, die ihnen begegnen, freundlich zu grüßen.

Anschließend wird Zeit zum Gespräch gegeben. Wie habe ich mich bei dem Spiel gefühlt? Was passiert, wenn ich nicht genug Platz habe? Wie fühle ich mich, wenn mir jemand zu nah kommt? Was kann ich dann tun?

Ein Ort für mich

Jedes Kind bekommt ein Blatt Papier und soll darauf einen Ort malen, an dem es sich besonders wohl fühlt. Das kann das eigene Zimmer sein oder ein Teil der Wohnung, in der es lebt; es kann ein Zimmer bei Oma oder Opa sein oder ein Fantasieort.
Das Spiel kann mit einer kurzen Fantasiereise eingeleitet werden: Schließt Eure Augen. Stellt Euch vor, Ihr begebt Euch ganz langsam auf eine Reise, an einen Ort, an dem Ihr Euch ruhig und geborgen fühlt. Der Ort gehört Euch ganz allein. Ihr könnt dort träumen, Musik hören, tun, was Ihr gerne möchtet usw.
Danach kommen die Kinder im Stuhlkreis zusammen und zeigen ihre Bilder. Wer mag, erklärt sein Bild:

- Warum fühle ich mich dort besonders wohl?
- Bin ich dort alleine oder teile ich diesen Ort mit jemandem?
- Habe ich einen solchen Ort auch in Wirklichkeit?

Wenn Kinder keinen Ort für sich haben, überlegt die Gruppe gemeinsam mit ihnen, wo sie „ihren Platz“ finden können: Einen Ort, wohin sie sich zurückziehen können, wenn sie allein sein möchten und wo sie nur gestört werden dürfen, wenn sie dazu ihre Erlaubnis geben. Wenn die Kinder kein eigenes Zimmer haben, kann dieser „besondere Ort“ auch ein besonderer Stuhl, eine Decke, ein Kissen usw. sein.

Ruhekissen und Schweigestein

Manchmal brauchen Kinder Zeit und Ruhe für sich. Auch in der Gruppe dürfen sie sich zurückziehen und auch mal nicht ansprechbar sein. Dafür führt die Gruppe Rituale ein.

Beispiele

- Es gibt ein „Ruhekissen“. Wer darauf sitzt, will nicht angesprochen werden und alle anderen müssen das respektieren.
- Ein Kind darf auch im Sitzkreis schweigen. Dazu kann ein „Schweigestein“ eingeführt werden. In die Kreismitte wird beispielsweise ein roter Stein gelegt. Nimmt ein Kind diesen Stein während eines Kreisgesprächs in die Hand, heißt das „Ich bin jetzt nicht ansprechbar.“

Es muss darauf geachtet werden, dass die „Auszeiten“ nicht zu lange dauern und nicht immer von denselben Kindern genommen werden. In solchen Fällen muss mit den Kindern nach der Ursache für das Ausklinken aus der Gruppe gesucht werden.

Schatzkisten basteln

Die Kinder basteln „Schatzkisten“, in denen sie ihre ganz persönlichen „Schätze“, Briefe und Fotos, kleine Erinnerungsstücke u. Ä. sicher aufbewahren können. Die Schatzkisten dürfen nur von den Kindern selbst oder mit deren ausdrücklicher Erlaubnis geöffnet werden.

Material für die „Schatzkisten“ können Schuhkartons sein, die mit Papier- und Stoffresten beklebt und je nach Geschmack der Kinder individuell gestaltet werden.

Auch wenn Kinder kein eigenes Zimmer haben oder die Wohnung der Familie klein ist, für eine „Schatzkiste“ ist immer Platz.

Kinder haben das Recht auf Schutz auf der Flucht

Rucksack packen

Die Kinder malen auf ein großes Blatt Papier einen Rucksack. In diesen malen oder kleben sie die Dinge, die sie mitnehmen würden, wenn sie aus ihrer Heimat fliehen müssten. Sie dürfen dabei nicht über den Rand kommen. Wenn der Rucksack „voll" ist, ist die Zeichnung oder Collage fertig. Alles, was nicht mehr in den Rucksack passt, müssen die Kinder zurücklassen.
Die Bilder mit den gefüllten Rücksäcken werden gemeinsam betrachtet. Was haben die Kinder eingepackt? Was passte nicht mehr hinein? Was vermissen sie am meisten?

Variation

In der Gruppe wird ein echter Rucksack gepackt. Er darf nur so groß und schwer sein, dass die Kinder ihn auch selbst tragen können. Mit dem gefüllten Rucksack probieren die Kinder verschiedene Übungen aus:

- Sie laufen eine bestimmte Strecke so schnell wie möglich.
- Sie überwinden einen Hindernisparcours.
- Sie krabbeln durch eine Röhre.

Waren die Übungen schwierig? Was war besonders schwer?

Hilfe-Nachlauf

Die Kinder spielen Nachlaufen. Ein Kind darf nicht abgeschlagen werden, wenn ihm ein anderes Kind die Hände reicht oder es in die Arme nimmt. Das helfende Kind darf natürlich auch nicht abgeschlagen werden.

Variation

Einige Kinder werden zu „Flüchtlingen". Zwei Kinder werden zu „Grenzwächtern". Sie müssen die Flüchtlinge fangen. Diese können nicht gefangen werden, wenn zwei oder drei andere Kinder sich um sie herumstellen.

Inselspiel

Für Geflüchtete ist kein Platz. Dies Vorurteil kennen auch schon Kinder. Aber mit gutem Willen haben wir viel mehr Platz als wir denken.

Die Kinder bilden Gruppen von 5 bis 6 Kindern. Jede Gruppe stellt sich auf eine „Insel“, einen Doppelbogen Zeitungspapier, der auf dem Boden ausgelegt wird. Plötzlich kommt eine große Welle und eine Insel geht unter. Die Kinder dieser Insel müssen sich nun auf die anderen Inseln retten. Dann kommt die nächste Welle und verschlingt eine weitere Insel. Wieder müssen sich die betroffenen Kinder auf eine andere Insel retten, solange, bis nur noch eine Insel übrig ist. Auch die letzte Insel wird vom tobenden Meer bedroht. Sie wird nach und nach kleiner, indem immer mehr Papier abgerissen wird. Die Kinder müssen versuchen, sich auf der Insel zu halten. Dazu müssen sie ganz eng zusammen rücken oder sich übereinander setzen – egal wie, Hauptsache, jedes Kind ist noch auf der „Insel“, auch wenn die Füße schon im Wasser hängen.

Kannitverstan

Die Kinder stellen sich vor, sie kommen in ein fremdes Land und verstehen die Sprache nicht. Wie lösen sie folgende Aufgaben?

- Brötchen kaufen,
- Nach dem Weg fragen,
- Nach der Uhrzeit fragen usw.

Die Kinder spielen diese – und ähnliche – Situationen ohne Sprache im Rollenspiel nach. Wie haben sie sich verständigt? Haben sie die Information oder die Ware bekommen, die sie wollten? Wie haben sie sich gefühlt, wenn sie jemand nicht verstehen konnte?

Variation

Die Kinder stellen sich vor, dass ihre Gruppe ein Kind aufnehmen soll, das kein Deutsch spricht. Wie zeigt die Gruppe dem fremden Kind, dass es willkommen ist? Die Kinder überlegen sich verschiedene Möglichkeiten und probieren sie im Rollenspiel aus.

Neu in unserer Stadt

Die Gruppe macht gemeinsam einen Stadtrundgang oder überlegt gemeinsam: Wo überall entdecken die Kinder „Neues“ und/oder „Neuzugezogene“? Was bedeutet „fremd“, was bedeutet „neu“? Was oder wer war schon immer da?

Beispiele

- Ein neues Gebäude am Marktplatz,
- ein neues Geschäft, das bald eröffnet,
- ein neues Fahrzeugmodell auf der Straße
- ein neues Kind in der Gruppe
- eine neue Mitschülerin/ein neuer Mitschüler usw.

Wo es möglich ist, fragen die Kinder „Neubürger“ danach, warum und wie sie in unsere Stadt gekommen sind. Ist es ihnen leicht gefallen, ihren alten Wohnort zu verlassen? Was vermissen sie hier?

Kinder mit Behinderung haben das Recht auf Förderung

Richtig oder Falsch?

Die Spielleiterin stellt „Richtig oder Falsch"-Fragen. Die Fragen werden nach dem Alter der Kinder und der Situation in der Gruppe ausgesucht. Sind Kinder mit Behinderung in der Gruppe, müssen die Fragen besonders sensibel formuliert werden.

Beispiele

- Kinder mit Behinderung sind anders als Kinder ohne Behinderung.
- Kinder mit Behinderung können keinen Sport treiben.
- Kinder mit Behinderung haben dieselben Wünsche wie Kinder ohne Behinderung.
- Für Kinder mit Behinderung gibt es besondere Rechte usw.

Nach jeder Frage gehen die Kinder, die die Aussage für „Richtig" halten zur einen Seite des Raumes, die Kinder, die die Aussage für „Falsch" halten, zur anderen. Die Spielleiterin schreibt jeweils die Anzahl der „Richtig" und „Falsch" Wahlen auf. Nach Beendigung der Fragerunde wird über das Meinungsbild diskutiert. Welche falschen Behauptungen wurden besonders häufig für richtig gehalten und welche richtigen für falsch?

Nicht dazu gehören

Die Kinder sollen die Erfahrung machen, wie es ist ausgeschlossen zu werden.
Bei einem Spiel, das alle gerne spielen, dürfen z. B. nur die Kinder mitmachen,

- die keine Brille tragen;
- die eine bestimmte Größe nicht überschreiten;
- die grüne Augen haben usw.

Es werden immer Merkmale ausgesucht, die nur wenige Kinder betreffen und für die die Kinder nicht verantwortlich sind, also nicht: „wer zu laut redet“ oder „gerade ein anderes Kind geärgert hat“.
Die Zeit des „Ausgeschlossenseins“ sollte nicht allzu lange dauern. Im Anschluss muss den ausgeschlossenen Kindern Gelegenheit gegeben werden zu erzählen, wie sie sich gefühlt haben. Den Abschluss dieser Übung muss immer ein gemeinsames Spiel bilden, das allen Spaß macht und bei dem alle mitmachen können. Bei der Auswahl dieses Spiels sollen besonders die Kinder gefragt werden, die vorher „ausgeschlossen“ waren.

Sich in Kinder mit Behinderung einfühlen

Die Kinder versuchen, sich in Kinder mit Behinderung hineinzuversetzen, indem sie selbst eine Behinderung simulieren.

Vertrauensspaziergang

Einem Kind werden die Augen verbunden. Geführt von einem „sehenden“ Kind oder auf Zuruf muss es einen Hindernis-Parcours durchwandern.

Ein-Arm-Werfen

Alle oder einige Kinder binden sich ihren Wurfarm am Körper fest und müssen nun mit dem anderen Arm Bälle in einen Korb werfen.

Laufen ohne Beine

Die Kinder spielen Nachlaufen. Alle oder einige Kinder dürfen sich dabei nur auf den Knien fortbewegen.

Das Simulieren von Behinderungen kann komisch wirken. Lachen sollte zugelassen werden, denn die Kinder sollen ja nicht lernen, dass man beim Spiel mit Menschen mit Behinderung nicht lachen darf. Das Lachen darf aber nicht zum Auslachen werden.
Nach jedem Spiel sollte ernsthaft darüber gesprochen werden, wie schwierig die Aufgabe war und welche Gefühle bei den Kindern ausgelöst wurden, die im Spiel mit Behinderung waren, und bei den Kindern, die im Spiel ohne Behinderung waren.

Wir spielen zusammen

Die Gruppe überlegt, welche Spiele Kinder mit und ohne Behinderung zusammen spielen können oder wie Spiele so verändert werden können, dass auch ein Kind mit Behinderung mitspielen kann und alle Spaß haben.

Beispiele

- Bei einem Ballspiel im Kreis sitzen alle Kinder auf ihren Stühlen, so dass auch ein Kind im Rollstuhl ohne weiteres mitspielen kann.
- Ein Kind hat eine Mobilitätseinschränkung und kann nicht so schnell laufen? Beim Wettlauf gewinnt diesmal nicht das schnellste, sondern das langsamste Kind.
- Sind Kinder mit Sehbeeinträchtigungen in der Gruppe, werden Spiele gespielt, bei denen das „blind sein“ zum Spiel gehört, wie „Blinde Kuh“ oder „Blinder Wächter“, bei dem ein Kind „blind“ neben einem Schatz sitzt und nur durch aufmerksames Lauschen verhindern muss, dass Diebe den Schatz stehlen. Usw.

Gemeinsam geht es

Die Kinder bewegen sich zur Musik durch den Raum. Stoppt die Spielleiterin die Musik, bleiben die Kinder stehen und warten auf eine Anweisung. Die Anweisungen sollen so sein, dass die Kinder sich absprechen und gegenseitig helfen müssen, um die Aufgabe zu erfüllen. Ist die Aufgabe erfüllt, wird die Musik wieder angestellt und die Kinder bewegen sich erneut bis zum nächsten Stopp und zur nächsten Aufgabe.

Beispiele

- „Stellt Euch zu sechst zusammen und tragt den leichtesten von Euch einmal durch den Raum."
- „Geht zu dritt zusammen und lauft ein Stück, aber habt nur drei Füße auf dem Boden."
- „In Fünfergruppen habt Ihr jetzt ein paar Minuten Zeit, aus dem Material im Zimmer einen Turm zu bauen, so hoch wie möglich."

Die Aufgaben sollten immer der Situation der Gruppe angepasst sein und die Anwesenheit eines Kindes mit Behinderung simulieren. Nach dem Spiel sollte Zeit zum Gespräch sein:

- Welche Aufgaben haben besonderen Spaß gemacht?
- Welche Aufgaben waren besonders schwierig?
- Wäre das Spiel auch mit Kindern mit Behinderung möglich gewesen? Usw.

Don Bosco MiniSpielothek
Klein, fein, alles drin

ISBN 978-3-7698-2572-5

ISBN 978-3-7698-2573-2

ISBN 978-3-7698-2569-5

ISBN 978-3-7698-2565-7

ISBN 978-3-7698-2558-9

ISBN 978-3-7698-2559-6

ISBN 978-3-7698-2556-5

ISBN 978-3-7698-2555-8

ISBN 978-3-7698-2546-6

ISBN 978-3-7698-2545-9

ISBN 978-3-7698-2540-4

ISBN 978-3-7698-2539-8

ISBN 978-3-7698-2521-3

ISBN 978-3-7698-2520-6

ISBN 978-3-7698-2510-7

ISBN 978-3-7698-2509-1

ISBN 978-3-7698-2503-9

ISBN 978-3-7698-2498-8